※ 青少年冰雪运动丛书

滑 冰
HUABING

人民教育出版社体育与健康室
中国滑冰协会　编著

人民教育出版社
·北京·

图书在版编目（CIP）数据

滑冰/人民教育出版社体育与健康室，中国滑冰协会编著. — 北京：人民教育出版社，2021.12（2023.7重印）
（青少年冰雪运动丛书）
ISBN 978-7-107-36261-3

Ⅰ.①滑… Ⅱ.①人… ②中… Ⅲ.①冰上运动—青少年读物 Ⅳ.①G862-49

中国版本图书馆CIP数据核字（2021）第270654号

青少年冰雪运动丛书　滑冰

出版发行	人民教育出版社
	（北京市海淀区中关村南大街17号院1号楼　邮编：100081）
网　　址	http://www.pep.com.cn
经　　销	全国新华书店
印　　刷	北京利丰雅高长城印刷有限公司
版　　次	2021年12月第1版
印　　次	2023年7月第2次印刷
开　　本	787毫米×1 092毫米　1/16
印　　张	5
字　　数	100千字
定　　价	25.00元

版权所有·未经许可不得采用任何方式擅自复制或使用本产品任何部分·违者必究
如发现内容质量问题、印装质量问题，请与本社联系。电话：400-810-5788

青少年冰雪运动丛书编委会

顾　　问：钟秉枢　许基仁　王石安
主　　任：王志刚
委　　员：（以姓氏笔画为序）
　　　　　马　力　马喜强　王北铭　王葆衡　王福全　申　雪
　　　　　李　莉　李　琰　吴慧云　张　伟　张　磊　陈　丹
　　　　　陈文红　陈世雄　陈珂琦　周　妍　赵　阳　胡　滨
　　　　　骆秉全　蒙　猛　薛　原

总 主 编：李　琰　吴慧云
执行主编：陈世雄

本册主编：陈文红
副 主 编：王北铭
本册编者（以姓氏笔画为序）：
　　　　　王北铭　张绍阳　陈文红　陈世雄　黄丽娟

责任编辑：黄丽娟
美术编辑：胡白珂
书籍设计：胡白珂
图片提供：徐永春　视觉中国
三维制图：郝金健　马振波　张　翔　吴晓鸣
动作示范：王佳鑫　王冠骅　苏薪澳　赵樱然

目录

◆ **认识滑冰运动** / 02
　滑冰运动概述 / 02
　滑冰装备 / 04

◆ **了解滑冰运动安全与防护** / 06
　运动安全与防护要点 / 06
　运动安全与防护方法 / 08

◆ **学练滑冰基本技术** / 10
　熟悉冰性 / 10
　停止技术 / 18
　直道滑行完整技术 / 20
　弯道滑行完整技术 / 32
　起跑技术 / 42
　冲刺技术 / 44
　接力技术 / 45

● **参加滑冰技能等级测试** / 46

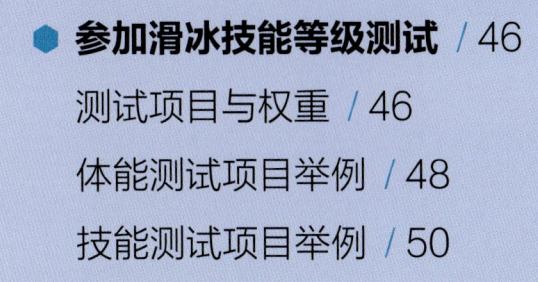

　测试项目与权重 / 46

　体能测试项目举例 / 48

　技能测试项目举例 / 50

● **了解滑冰比赛** / 52

　短道速滑比赛 / 52

　速度滑冰比赛 / 56

　2022年北京冬奥会滑冰比赛介绍 / 60

● **欣赏滑冰比赛** / 62

　比赛看点 / 62

　观赛礼仪 / 63

● **我国滑冰运动大事记** / 64

● **滑冰学习成长记录** / 66

认识滑冰运动

滑冰运动概述

滑冰是指借助冰鞋、冰刀等器材，在平整的冰面上完成站立、滑行、转弯变向、停止等动作的运动，一般以滑行速度、动作难度或动作表现力等为评价标准进行展示与竞赛。滑冰运动是各项冰上运动的基础，本书以短道速滑和速度滑冰为主进行介绍。

- 最初，生活在寒冷地区的人们出于生活需要，以滑冰进行狩猎或代替车马运输，而后逐渐发明出骨质冰刀。

- 随着更为便捷的交通和运输工具的出现，滑冰活动逐渐转变为专门的滑冰运动。铁制冰刀的出现，为滑冰运动的普及和流行奠定了工具基础。

- 1676年，荷兰人在运河上举行了世界上第一次滑冰比赛。1742年，苏格兰成立了世界上第一个滑冰俱乐部。自此，滑冰成为有组织、有规则的竞赛运动。

- 在速度滑冰的基础上，短道速滑于19世纪80年代在加拿大兴起。

起源

特点

运动环境特殊。滑冰运动是在天然或人工冰面上进行的，冰面坚硬光滑，环境寒冷。

运动方式独特。对平衡性要求比较高。由于冰面光滑，运动时需要借助冰刀与冰面的相互作用力，并在冰面上保持平衡的状态下进行。滑行速度快。冰面平滑坚硬，与冰刀之间的摩擦力小，瞬时滑行速度可达到15米/秒。

知识窗

国际滑冰联盟，简称"国际滑联"，1892年成立于荷兰，总部设在瑞士洛桑，最高机构是国际滑联代表大会，每两年举行一次。中国于1956年加入国际滑联。中国滑冰协会是代表中国参加国际滑联及相应国际滑冰活动的唯一合法组织。

● 速度滑冰在1924年第一届冬奥会上即被列为正式比赛项目。短道速滑于1988年被列为冬奥会表演项目，1992年被列为冬奥会正式比赛项目。

● 目前滑冰运动有世界锦标赛、世界杯比赛等多种影响重大的世界级赛事，比赛规则、组织等日趋完善，滑冰技术不断更新，场地、装备等也不断升级。1998年，克莱普冰刀被正式允许在冬奥会中使用，显著提高了速度滑冰比赛的成绩，使多个项目刷新了纪录。在专业竞技之外，群众性滑冰运动也在众多国家和地区蓬勃开展。

● 我国有一大批优秀的滑冰运动员，在多项世界大赛中取得了优异成绩。同时，群众性滑冰运动在我国北方历来十分活跃。随着2022年北京冬奥会的申办和举行，"三亿人上冰雪"的愿景和"北冰南展西扩东进"战略的实施将使冰雪运动在我国获得历史性发展。2021年，中国滑冰协会研制并发布了《滑冰技能等级标准（试行）》，为进一步普及、发展和规范我国滑冰运动提供了标准依据。

发展

价值

经常参加滑冰运动，能够改善心血管系统和呼吸系统机能，有助于人体适应寒冷环境，提高身体耐受寒冷和抵抗疾病的能力。

有助于发展灵敏性、柔韧性、协调性和平衡能力，增强肌肉力量，有效提高身体素质。

有助于调节情绪，放松身心，陶冶情操，增进心理健康，培养勇于克服困难、顽强拼搏的优秀品质。

滑冰装备

合适的滑冰连体服、护具以及冰鞋不仅能使滑行速度更快，提升成绩，还能够在保护安全方面起关键作用，防止和减少运动损伤。

服装及护具

以下为初学和进行一般性训练时的服装及护具。比赛时的服装和护具见52、56页。

安全头盔

滑冰速度快，冰面坚硬，若失去平衡很容易造成头部伤害，因此每次练习都应当佩戴安全头盔后再上冰面滑行。头盔一般为圆滑形状，用碳纤维材料制成。

手套

手套采用防切割材料制成。短道速滑运动员在高速过弯时一般会手扶冰面。所以左手5个指尖部位要有手指扣。

滑冰服

一般训练时选择保暖的服装，并保证运动的舒适性即可。在比赛时就必须选择合适的比赛服装，既要能够减少空气阻力，有利于动作完成和技术发挥，还要具有防切割功能，防止被冰刀划伤。短道速滑和速度滑冰的比赛服不同，运动员要根据需要选择。

冰鞋和冰刀

冰鞋是滑冰最重要的器材。为保证滑行速度，冰刀刀体较长，刀刃部位窄而平。一般滑冰爱好者可以选择刀鞋一体的冰鞋。短道速滑和速度滑冰的冰鞋有所区别，练习时要根据自己的需要选择。

冰鞋

冰鞋一定要大小合适。幼儿及学龄前儿童可以选择可调试鞋码的冰鞋。青少年或成年人尽量选择短道速滑冰鞋或速度滑冰冰鞋。在有了一定的支撑平衡能力并掌握基本技术以后，练习速度滑冰者可以换成竞技用的克莱普冰鞋。随着技术水平的不断提高，为了创造更加优异的成绩，还可以选择定制的碳纤维脚型鞋。

可调试鞋码冰鞋

短道速滑冰鞋
- 高鞋帮
- 刀托较高
- 刀体短

速度滑冰冰鞋
- 低鞋帮
- 刀托较低
- 刀体长

速度滑冰竞技用克莱普冰鞋
- 后跟可分离

知识窗

克莱普（Clap）冰刀

速度滑冰比赛中，运动员采用的克莱普冰刀有一部分是可以和鞋子分离的。这种冰刀只有前点与鞋体固定连接，能够优化蹬冰动作，延长蹬冰距离，提高滑行速度。最早尝试使用这种冰刀的是荷兰人艾地·沃黑金。

了解滑冰运动安全与防护

滑冰时平衡不易保持，容易发生碰撞和摔倒，加上冰刀锋利、环境寒冷等原因，运动损伤时有出现。因此，初学者在学习滑冰时，要增强自我保护意识，掌握安全防护要点与方法。

运动安全与防护要点

安全要点

1. 初学者一定要在专业教练的指导下上冰滑行。遵守场地规定，听从教师或教练的指挥。
2. 根据个人身体条件选择合适的滑冰技术动作，循序渐进地进行学习。
3. 过度疲劳时不要滑冰。患有严重疾病（如心脏病、高血压）者不做剧烈的快速滑行动作，为锻炼身体，可进行慢速滑行。
4. 上冰后，按逆时针方向滑行，禁止逆向滑行，忌做危险或妨碍他人的动作。注意观察场地情况，避开不平整或有杂物的冰面。

防护要点

1. 穿合适的服装和冰鞋，佩戴安全头盔和防切割手套等防护用具。衣兜里不要放钥匙、小刀或手机等坚硬、锐利或易碎的物品。

2. 滑冰前做好热身活动，尤其是手腕、下肢各关节及韧带要充分活动开。

3. 进行强度大、时间长的滑冰练习，要及时补充能量。

4. 养成滑冰时抬头观察的习惯，掌握快速躲闪技术，学会利用臀部或后背等撞击场地上围挡的防护垫。

5. 掌握安全的摔倒方法。摔倒时要注意保护头部，尽量将冰刀置于安全位置。摔倒后，要慢慢起身，并注意观察周围的情况，防止被撞击。

自救与他救要点

1. 受伤后，在不清楚伤情时，不要急于移动。应根据自我感觉，缓慢移动。如果发现疼痛剧烈，要及时请随行同伴或场内其他滑冰者给予帮助，或拨打急救电话120或999。

2. 遇到他人受伤时，先不要触碰伤者，应立刻询问情况。如果伤势不重，可帮助寻找冰场的教练或医务人员。如果伤势严重，应立即拨打急救电话。

运动安全与防护方法

运动前做热身活动

冰上运动是在寒冷的环境下进行的。不论是初学者还是已经接触过滑冰的人，滑冰前都要做热身活动，使身体适应环境和运动，避免因肢体和动作僵硬、反应不灵敏而导致意外受伤。

热身活动包括陆地和冰上两部分。陆地准备活动包括慢跑、做徒手操、拉伸肌肉以及进行原地模仿动作练习。冰上准备活动一般为慢速滑行和拉伸活动。如果有比赛，可在赛前做起跑练习。运动量和运动强度不要太大，以身体发热为宜。

活动膝关节 　　　　拉伸大腿肌群 　　　　练习平地蹬冰

运动后做整理活动

为减轻疲劳、促进恢复、预防损伤，滑冰结束，可在冰上进行强度较小的慢滑练习。下冰后，可在陆地进行慢跑、拉伸肌肉及摆腿等练习，并以按摩、拍打的方式进行放松。

知识窗

由于心理上的恐惧，初学者滑冰时会因过度紧张而缩手缩脚，动作迟缓，很难保持身体平衡。为达到最佳心理状态，顺利进行冰上练习，可以在上冰前多给自己积极的心理暗示，例如，"我一定能做好这个动作""我一定可以顺利滑到终点"等。

安全摔倒方法

初学滑冰时，由于对技术不熟练或内心紧张，容易失去平衡而摔倒。因此，需要掌握安全摔倒方法，避免运动损伤。

❶ 身体失去平衡时，迅速降低重心，不要用手强行支撑冰面。

❷ 四肢尽量向躯干靠拢，头部向胸前低收，形成团身动作。

❸ 使身体一侧着冰面，不要挣扎。

❹ 落冰后使身体多接触冰面，增大摩擦力，减小冲击力。

练一练

提高平衡能力

1. 穿冰鞋、戴刀套，以双腿静蹲5~10秒为一组，每次练习3组。
2. 去除刀套后静蹲，以5~10秒为一组，每次练习3组。
3. 目视前方，上体略前倾，背手，双腿微屈，请教师或同伴推动向前滑行。

学练滑冰基本技术

想要享受滑冰的乐趣，体会在冰面上风驰电掣的感觉，掌握滑冰基本技术是关键。这也是同学们要学习的主要内容。掌握本书中的技术技能将基本能够达到中国滑冰协会发布的《滑冰技能等级标准（试行）》中启蒙级至6级标准的相关要求。

熟悉冰性

熟悉冰性、建立冰感是学习滑冰的基础。通过练习冰上原地蹲起、原地踏冰、踏冰转体等动作，体会人与冰刀、冰刀和冰面的相互作用，有助于下一阶段学习冰上滑行技术。

原地蹲起

在冰上站立，目视前方，双脚平行并微微打开，双手放松背于腰后。上体微前倾，下蹲，使大腿与小腿成90~110度，身体重心放在两腿中间。腿部缓慢蹬直，同时上体逐渐直立。

TIPS 提示

也可以穿冰鞋在地毯或软垫上踏步或行走，感受冰刀的特点，提高对冰刀的适应性。

原地踏冰

冰刀平刃立稳，一腿支撑身体，另一腿向上抬起。之后浮足着冰，同时身体重心移至新的支撑腿上。反复交替。上体微前倾，两臂自然摆动。

踏冰转体

初学者经常进行踏冰转体练习，有助于更好地适应冰刀，提高冰上踏步的稳定性和冰上平衡能力。

平刃站立，双膝微屈。左腿支撑，右腿抬起，刀尖外展，着冰时与支撑脚成90度，承接重心。随后左脚抬起，跟步并立。上体尽量整体转动，不要出现转肩或扭曲。重复前述动作，完成360度转体。

❶ ❷ ❸

练一练

以向左转两圈、然后向右转两圈为一组，每次练习4组。

行进间踏步

冰上行进间踏步不同于陆地上的自然踏步，反复练习，可提高对冰刀的控制能力，提高冰上行走的平衡能力。

TIPS 提示

身体重心不断前移，冰刀尽量平刃着冰。

❶ 上体微前倾，微展髋，双膝微屈，冰刀成外八字。

❷ 一腿支撑身体，另一腿向前上方抬起，身体重心随之前移。

❸ 浮足着冰，身体重心移至新的支撑腿上，双臂自然摆动。

❹ 另一腿抬起，继续练习。

练一练

以行进间踏步5~10米为一组，练习3~4组。

原地跳转

这是一项发展下肢力量和平衡能力的练习。跳转时以腰部为发力核心，按照髋、膝、踝关节的顺序发力蹬冰跳起。落地时，两脚冰刀用平刃同时着冰，保持平稳。

TIPS 提示

跳转时以身体纵向中心线为轴，转体落冰要稳，冰刀平刃着冰。

① 目视前方，上体前倾，成下蹲姿势，两手自然下垂，双脚平刃支撑。

② 开始蹬冰，双腿用力蹬起，身体向左或向右转体。转体角度依个人能力而定。

③ 转体后下落时，双脚冰刀平刃着冰。

④ 落冰后，下蹲成开始姿势。

练一练

听到教师口令后，开始做跳转动作，以向左、右各跳转6次为一组，每次练习4组。

直立滑行

直立滑行是冰上滑行的基本动作之一，反复练习，有助于提高冰上滑行的适应性。

TIPS 提示

两冰刀左右间距尽量小，身体重心左右移动要平稳、快速。

1
上体微前倾，双膝微屈，两脚成外八字。

2
右腿内刃支撑蹬冰，左脚抬起向前着冰，带动身体向前滑行。

3
身体重心随之移至着冰的左腿上，右腿抬起向前着冰。两臂自然前后摆动，向前滑行。

比一比

以向前滑行20米为一组，每次练习3组。看谁滑走得既稳又快。

直道双脚支撑惯性滑行

直道双脚支撑惯性滑行有助于巩固滑行基本姿势。

在直道上加速后，按以下基本姿势、利用平刃惯性向前滑行。熟练掌握后，还可以变换重心位置进行练习。

TIPS 提示

在直道双脚支撑惯性滑行练习中，如果滑行距离能够超出自己身体高度的两倍，说明启动时踏步有力，重心移动较为平稳。

❶ 加速滑行。

❷ 两腿蹲屈，上体前倾，两臂屈肘置于两膝外侧或背于腰后，身体重心落在两腿中间，以惯性滑行。

知识窗

初学滑冰时如何进行休息？

一般15~30分钟休息一次。休息时要注意保暖，还要解开鞋带，活动一下脚、踝部位，使血液循环畅通，缓解关节疲劳。

葫芦步滑行

葫芦步滑行指的是在冰面上滑出一个接一个的圆形,使滑行路线整体看起来就像葫芦一样。

❹ 双脚仍然打开,脚尖保持向内侧倾斜45度左右,双膝向内合拢,并带动双脚滑行。

❺ 双脚靠近后,脚尖指向身体正前方,双脚平行,膝关节微屈。保持身体平衡。

滑行路线

❶ 抬头挺胸。双手侧平举，高于腰、低于肩。两脚尖向身体两侧斜前方开立45度左右。

❷ 膝关节弯曲幅度加大，身体前倾，微微下蹲。双脚仍沿斜前方45度方向向两侧展开滑出。

❸ 当两脚滑至略宽于肩时，两脚尖开始内扣，膝关节打开并与脚尖方向一致。

知识窗

合理安排运动负荷

运动负荷的增加应安排好节奏，逐渐加大。根据超量恢复和生物适应的规律，结合滑冰训练的特点，应该经由"加大→适应→再加大→再适应"的过程，使运动负荷达到最合适的限度，也使技术水平随着训练过程逐渐提高。过快过猛地加大运动负荷，只能损害健康并导致训练失败。

停止技术

初学者在冰上的滑行有一定速度后，如果不能及时停止，容易发生意外事故。掌握停止技术，就可以及时停止滑行并自行控制速度，进而自由大胆地随时变换速度和滑行方向。常用的停止技术有内八字停止法、侧向停止法等。

内八字停止法

内八字停止法是滑冰运动的基本停止方法，比较容易掌握，适合刚刚接触滑冰运动的初学者学习。

❶ 滑行过程中，做好停止准备。

❷ 上体微前倾，双膝微屈，两脚拉开适当距离，平刃支撑。

❸ 两脚脚跟逐渐外展，脚尖内扣，逐渐下蹲，双臂自然垂于体侧。

练一练

向前滑行10米后，进行内八字停止练习，每次练习4~6组。

> **知识窗**

热水浇冰

冰面经冰刀划过会产生划痕。为了保证运动员的顺利滑行，冰面需要定期维护。维护冰面时，要先用扫冰车把冰面刮平，再用50摄氏度左右的热水浇筑冰面，这样冰面表层融化为水，水又结成冰，冰面就恢复光滑平整了。

> **TIPS 提示**
>
> 1. 停止过程中，臀部要稍向后坐，以防止滑行惯性或者重心过分靠前导致身体前倾摔倒。
> 2. 身体重心要逐渐降低，逐渐加大对冰面的压力，两臂在身体侧面自然下垂，避免摔倒。

④ 两脚冰刀成内八字，刀尖相对靠拢，大腿逐渐并拢。

⑤ 双膝弯曲内扣，降低身体重心，臀部稍后坐，冰刀内刃逐渐用力压住冰面，产生制动，直至停止。

> **拓展与提升**
>
> ### 侧向停止法
>
> 在中、高速度滑行中，降低身体重心，以任意一条腿为支撑腿，身体向一侧转动，两膝并拢，一脚用冰刀内刃、另一脚用冰刀外刃压擦冰面形成制动力，使滑行停止。

直道滑行完整技术

直道滑行完整技术动作由两脚交替蹬冰滑行构成，具有周期性。每个周期由自由滑行和蹬冰滑行两个部分组成。左右脚交替蹬冰滑进时，手臂摆动要与两腿的动作协调一致。

要想熟练掌握直道滑行完整技术，还需要进行陆地模仿练习和技术动作的分解练习。

TIPS 提示

1. 蹬冰开始时，上体横向移动和展髋要积极主动，头和肩的移动要一致。
2. 重心移动时需先慢后快，等待浮腿收到位后再移动。
3. 上体始终与滑行方向保持一致。

❶ 目视前方，上体前倾，微微下蹲，双腿成滑行基本姿势。

❷ 抬起右脚，支撑腿髋、膝、踝三点一线垂直于冰面，手臂向左自然摆动。

❸ 右腿膝关节向左腿靠拢，大腿与冰面垂直，小腿与冰面平行。

❹ 左脚冰刀内刃向侧蹬出，右腿由后向前收腿，着冰支撑。

陆地模仿练习：滑行模仿

从陆地模仿基本姿势开始，两腿蹲屈，上体前倾，团身收腹，目视前方10~20米。然后双臂摆动，做单脚支撑动作。接着浮腿向前摆动，与支撑腿并拢。之后，支撑腿以全脚掌内侧蹬地，向侧展直，蹬离地面。两腿交替练习。

基本姿势 —— 单脚支撑 —— 浮腿

滑行基本姿势

双腿滑行

目视前方，上体前倾成下蹲姿势，两手自然下垂（或背手），双脚平刃支撑。

单腿滑行

目视前方，上体前倾，支撑腿微屈，单脚平刃支撑。浮腿放松向后引，使大腿与冰面垂直，小腿与冰面平行。之后膝关节靠近支撑腿，并顺势向侧方蹬出，冰刀外刃着冰。

⑤ 回归到滑行基本姿势，准备左腿蹬冰。

⑥ 抬起左脚，右腿髋、膝、踝保持三点一线垂直于冰面，手臂向右自然摆动。

⑦ 左腿向身体左后方继续蹬展，身体重心随之移动。

⑧ 左腿由后向前收腿，准备着冰支撑。

❄ 陆地模仿练习：滑跳模仿 ❄

以单脚支撑开始，支撑脚内侧的中部用力向侧蹬，跃离地面，浮腿向侧摆动，上体随浮腿收摆与臀部平行移动。支撑腿蹬离地面后放松，以大腿内收，大腿带动小腿摆送。浮腿落地后成单脚支撑。

直道技术练习

直道分并腿滑行

直道分并腿滑行时，身体重心平稳，是初学者必须掌握的基础性动作。

TIPS 提示

双腿分腿蹬冰时，按髋、膝、踝的顺序用力蹬直。蹬收时，身体重心尽量不要起伏，始终抬头。

❶ 双脚冰刀平刃立稳，两臂自然下垂于体侧。

❷ 双脚冰刀刀尖呈外八字，内刃逐渐用力向两侧蹬出。

❸ 两腿蹬直，身体重心不要起伏，目视前方。

❹ 冰刀刀尖由向外转为向内，双腿收回冰刀，膝关节内扣，身体重心落在冰刀后1/3处。

❺ 回到双脚冰刀平刃滑行状态，身体立稳。

知识窗

短道速滑起源于加拿大，但在国际赛场上更能体现优势的却是中国和韩国。截至2022年年底，韩国和中国分别以26金17银11铜、12金16银9铜位居冬奥会奖牌首位和第二位，加拿大、美国和俄罗斯居后。

侧蹬滑行

侧蹬滑行动作较为简单，易于掌握，能有效提高腿部支撑的稳定性，并有助于掌握正确的侧蹬方法。为巩固技术动作，可不穿冰鞋、在陆地上进行模仿练习。

❶ 成基本姿势下蹲，重心放在右腿支撑腿上，左腿侧向蹬冰，充分蹬直。

❷ 放松收腿，以大腿带动小腿向支撑腿内侧靠拢，成双支撑滑行。

❸ 左腿支撑，右腿充分侧蹬，向前滑行。两腿交替练习。

比一比

转圆圈接力

将同学们分成人数相等的2~3组，每组3~6人，并用标志物围成半径为2~3米的圆。教师发出口令后，每组第一人沿逆时针方向滑跑1~3圈，随后用手轻拍下一位同学，该同学随即出发，其他同学依次滑行。比一比，看哪一组完成滑行的时间最短。

双支撑曲线滑

练习双支撑曲线滑可以进一步提升身体重心快速交换的能力，提高对冰刀的控制和驾驭能力。

1 加速进入直道后，双脚支撑，腰臀用力。身体重心由左向右移动。

2 从左向右转时，两臂自然前后摆动，左脚内刃，右脚外刃向右滑行。

❄ 陆地模仿练习：双摆臂 ❄

由基本姿势开始，以肩关节为轴，两臂进行前后摆动。前摆肘关节不超过身体重心线，后摆至肩关节锁住为止。摆动要贴近身体。

后高点
下垂点
前高点

知识窗

女性滑冰运动员不断增加

1924年，在法国夏蒙尼第一届冬奥会举办时，258名运动员中有13名为女性运动员。随着女性地位的提升，奥运会的女子项目不断增加，到韩国平昌第二十三届冬奥会时，2833名运动员中有1169名女性运动员。

TIPS 提示

1. 摆臂的力量、幅度要与腿部动作、滑跑速度一致。
2. 转弯时不要左右扭肩。

❸ 身体重心逐渐向左移动。

❹ 从右向左转时，左脚冰刀外刃支撑体重，右脚冰刀内刃用力蹬冰。

25

移动重心滑行

通过移动重心滑行练习，可以进一步掌握正确的蹬冰方法。练习时注意蹬冰动作要按髋、膝、踝关节的顺序依次进行。为巩固技术动作，可不穿冰鞋、在陆地上进行模仿练习。

TIPS 提示

蹬冰时平行向侧蹬出，用冰刀全刃蹬冰。支撑腿冰刀要平刃立稳，鼻、膝、刀三点成一线垂直于冰面。

❶ 成基本姿势下蹲，两臂侧摆。

❷ 右腿平刃支撑，左腿以大腿压住刀跟向侧蹬出。

❸ 左腿蹬直后，收腿与支撑腿并拢，身体重心随之移到左腿上。

❹ 右腿随后向侧蹬出，两臂靠近身体用力前后摆直。两腿交替练习。

知识窗

1963年，第五十七届世界男子速度滑冰锦标赛在日本举行。这是世界速度滑冰锦标赛首次在亚洲举办。22岁的罗致焕在1500米比赛中以2分9秒2的成绩创造了世界速度滑冰锦标赛的新纪录，成为我国第一位速度滑冰世界冠军。

体前交叉步滑行

练习体前交叉步滑行有助于掌握身体重心移动规律，提高支撑平衡能力和对冰刀的掌控能力，帮助灵活运用冰刀的内刃、外刃和平刃滑行。为巩固这项技术动作，可不穿冰鞋、在陆地上进行模仿练习。

TIPS 提示

注意保持身体重心平稳移动，落冰时应以内刃着冰。

❶ 左腿前弓交叉压步，身体右倾，用右脚外刃和左脚内刃支撑。

❷ 右腿充分蹬直后，结束蹬冰前摆，用左脚外刃支撑滑行。

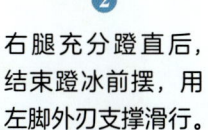

❸ 右腿向前迈到左腿前外侧着冰。

❹ 交叉压步滑行，左腿充分蹬直。

知识窗

2010年，在加拿大温哥华第二十一届冬奥会上，中国代表团夺得了5枚金牌、2枚银牌和4枚铜牌，位列该届冬奥会奖牌数第七位，实现了中国参加冬奥会的历史性突破。

行进间单腿蹲起跳

这是一项发展腿部力量和平衡能力的练习。练习时以行进间滑冰姿势开始，单脚支撑，冰刀平刃着冰向上跳起，两臂自然前后摆动。下落时冰刀平刃着冰要稳，髋、膝、踝关节三点成一线垂直于冰面。

① 单脚支撑，双摆臂，支撑腿平刃立稳。

② 开始蹬冰，浮腿向上摆动的同时，支撑腿蹬冰跳起。

③ 支撑腿充分蹬直，身体重心垂直向上。

④ 下落成单脚支撑姿势，支撑腿冰刀平刃支撑，浮腿后引。

❄ 陆地模仿练习：联合诱导动作 ❄

由基本姿势开始，一腿向侧面蹬出。然后蹬出腿大腿带动小腿进行后引，接着摆至胸下，双脚并拢，还原成基本姿势。两腿交替练习。

单脚支撑惯性滑行

单脚支撑惯性滑行有助于提高平刃支撑滑行能力和平衡能力,增强大腿肌肉力量。具体方法为:加速后,保持直道单脚支撑姿势向前滑行。可以背手或摆臂进行练习。

TIPS 提示

单脚支撑时尽量使用平刃,保持身体重心平稳,不要左右摇晃。

❶ 惯性滑加速。

❷ 左脚支撑,平刃滑行,鼻、膝、脚尖在同一条直线上。右腿后引,大腿垂直于冰面,小腿平行于冰面,浮腿脚尖自然下垂。

❄ 陆地模仿练习:单脚支撑 ❄

由基本姿势开始,进行单脚支撑。两脚交换练习,以每脚支撑30秒至1分钟为一组,每次练习2组。

单腿蹬起惯性滑行

练习单腿蹬起惯性滑行有助于增强腿部力量，发展单脚支撑的平衡能力，对提高直道滑行技术意义重大。

❶ 起速后，单脚支撑。浮腿大腿与冰面垂直，小腿与冰面平行。

❷ 支撑腿平刃立稳，向上蹬起，上体保持前倾。

❸ 支撑腿蹬直，浮腿向支撑腿放松靠拢，上体稍抬起，两臂自然前后摆动。

陆地跳跃练习

双腿高跳

以基本姿势开始，双摆臂用力跳起并高抬膝，落地还原。

单腿高跳

以单脚支撑开始，支撑腿用力蹬地，浮腿自然收至胸下，向上跳起、蹬直，落地还原。

知识窗

滑冰的速度

滑冰比赛时，运动员的速度非常快。优秀的速度滑冰运动员的滑行速度可以达到50千米/小时。短道速滑的跑道一圈为111.12米，优秀的运动员可以8秒滑完一圈。滑冰速度的不断提升，体现了运动员们不断追求卓越、挑战极限的精神。

TIPS 提示

始终用平刃支撑，身体重心放在支撑腿一侧，不要左右摇摆。

④ 支撑腿蹬直后立即下蹲，膝关节不要晃动，浮腿放松。

⑤ 还原成单脚支撑姿势，肩高于臀，保持身体重心平稳，目视前方。

陆地跳跃练习

高跳分腿

以基本姿势开始，双摆臂用力跳起后向左右分腿，手触脚尖，落地还原。

弯道滑行完整技术

弯道有利于加快速度，是比赛中占据有利位置、超越对手的最佳准备区域。弯道滑行中，必须保持整个身体向左倾斜，以交叉压步方式滑跑，还需要两腿与两臂协调配合，才能完成舒展、流畅、有节奏的蹬冰动作。为巩固这项技术动作，可不穿冰鞋、在陆地上进行交叉压步模仿练习。

❹ 左腿双支撑蹬冰结束

❺ 右腿单支撑蹬冰

❻ 左腿冰刀着冰

练一练

小场地眼镜滑行

分成若干队，每队4人。从500米起点线出发，滑行至第二个弯道，向前沿圆形场地滑行一圈半后，继续沿直线滑行至下一弯道，再沿圆形场地滑行一圈半后出弯，在直道段和队友交接。

弯道两侧的圆形场地分别由8个标志块组成。滑行要沿弯道外侧进行，从标志块内侧滑过即缩短距离，视为犯规。计时排定名次。

TIPS 提示

1. 两腿的配合：通常在收右腿时减慢速度，同时左腿用外刃支撑蹬冰滑行；右腿摆向左脚冰刀的侧前方时，用冰刀内刃着冰，同时左腿迅速完成双支撑蹬冰动作。另一腿同理。

2. 臂与腿的配合：两臂在开始阶段稍加控制，速度略慢，而后则摆动速度加快，使臂与腿的动作节奏一致。

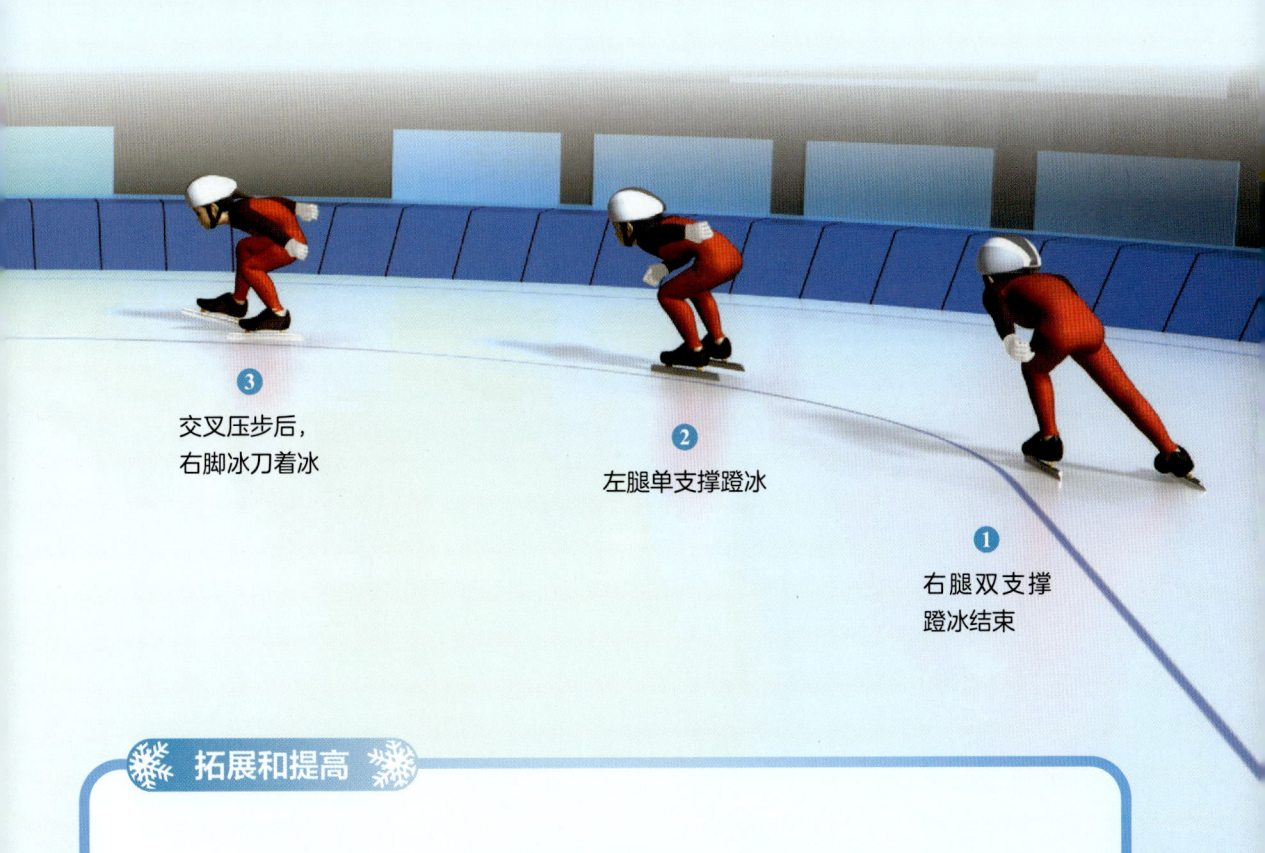

❸ 交叉压步后，右脚冰刀着冰

❷ 左腿单支撑蹬冰

❶ 右腿双支撑蹬冰结束

拓展和提高

弯道滑行的技术特点

1. 连续蹬冰，没有单脚支撑自由滑行阶段。

2. 弯道半径较小，惯性速度较快，需要通过缩小冰刀刀刃与冰面之间的夹角来增加向心力。为保持平衡，在弯道滑行中，短道速滑运动员可左手扶冰。

3. 右腿蹬冰动作明显大于左腿。

弯道技术练习

弯道高姿势滑小圈

练习弯道高姿势滑行技术，有利于进一步巩固弯道交叉压步的动作。

① 从直道加速进入弯道，重心向左倾斜，成右脚蹬冰动作。

② 右脚冰刀在左脚冰刀前落下，成交叉压步蹬冰动作，双臂自然摆动。

❄ **陆地模仿练习：弯道左倾斜姿势** ❄

扶持物体，或者由同伴用手或布带牵引，在基本姿势的基础上，身体重心向左平行移动，以左脚外侧、右脚内侧着地，两肩和臀部平行向左倾斜。

❄ **拓展和提升**

左倾斜双腿支撑惯性滑行

重心放在左腿上，以左脚外刃支撑滑行，右腿微屈，整个身体形成倾斜面，两肩与臀始终与冰面平行。此项练习可以提高左脚冰刀外刃支撑倾斜滑行的能力。

❺ 左脚支撑要稳，右脚外刃发力蹬冰。

❹ 利用惯性，两腿交替做交叉压步动作。速度越快，半径越小，倾斜角度越大。

❸ 左脚从右脚后侧收回，靠拢右脚。右脚冰刀内侧着冰，全刃踩实。双腿膝关节微屈，身体重心在冰刀中后部。

左脚外刃单支撑弧线滑

练习左脚外刃单支撑弧线滑，可以增强弯道左腿支撑滑行的稳定性和腿部肌肉力量。

TIPS 提示

支撑腿要立稳，身体保持鼻、膝、脚尖三点一线向左倾斜。速度越快，倾斜角度越大。

❶ 快速滑行进入弯道，左脚外刃支撑身体重心，左腿膝关节尽力前弓。

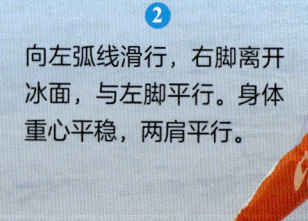

❷ 向左弧线滑行，右脚离开冰面，与左脚平行。身体重心平稳，两肩平行。

❸ 平稳滑出弯道，膝关节保持前弓。

陆地模仿练习：弯道左腿支撑、右腿侧蹬

扶持物体，或者由同伴用手或布带牵引，由滑行基本姿势开始，以左脚外侧支撑身体，右脚用内侧轻擦地面向侧方蹬直，然后以膝盖领先收回至胸下方。

右脚内刃单支撑弧线滑

练习右脚内刃单支撑弧线滑，可以提高弯道右腿支撑滑行的稳定性，增强腿部肌肉力量。

① 快速滑行进入弯道，右脚内刃支撑身体重心，向左弧线滑行，左脚后引离开冰面。

② 左腿大腿与冰面垂直，小腿与冰面平行。

③ 身体重心向左倾斜，平稳滑出弯道，右脚冰刀内刃压住冰面。

TIPS 技术要点

1. 保持鼻、膝、脚尖三点一线向左倾斜。
2. 右脚冰刀内刃全刃支撑身体重心。

陆地模仿练习：弯道右腿支撑、左腿侧蹬

扶持物体，或者由同伴用手或布带牵引，由滑行基本姿势开始，以右脚内侧支撑身体，以左脚外侧轻擦地面向右脚侧方蹬直，然后以膝盖领先收回至胸下方。

弯道低姿势交叉压步滑（小圆周）

在比较熟练地掌握弯道高姿势滑行后，可以学习并体会弯道蹲屈滑小圆周的支撑与蹬冰技术。练习过程中注意身体重心向弯道内侧倾斜，两腿膝关节尽量前弓，左脚外刃、右脚内刃支撑要稳，下刀时两脚要靠拢。

TIPS 提示

要保持冰刀全刃蹬冰，身体始终向左倾斜。

❶ 从直道加速进入弯道。

知识窗

弯道滑行要求两腿不间断地对冰面施加压力，并时时克服离心力，这就要求两腿以及臂与腿协调配合，形成舒展、流畅、有节奏的全身配合动作，以完成弯道的核心技术——蹬冰。

❹ 两肩平行，支撑要稳，大腿压住发力蹬冰。

❸ 双腿膝关节尽力前弓，身体重心在冰刀中部，两腿交替做交叉压步动作。

❷ 身体重心向左倾斜，速度越快，半径越小，倾斜角度越大。

弯道滑跳

在弯道滑行过程中，用交叉步向右侧全力蹬冰后，向左侧跳步。进行弯道滑跳需要较强的腿部爆发力和平衡能力，有利于提高重心转换能力和支撑稳定性。

❸ 右脚落冰支撑滑行，准备蹬冰。

❹ 左腿前摆，右腿内刃蹬冰。向左侧跳步，左脚准备着冰。

❺ 左脚外刃着冰后，屈膝缓冲，全力蹬冰，浮腿向左腿靠拢。

❻ 右脚压步转弯，左腿结束蹬冰。

❷
蹬冰结束，右腿以交叉步前移，左腿开始蹬冰。

❶
进入弯道滑行，身体左倾，右腿开始蹬冰。

TIPS 提示

滑跳时，上体尽量避免起伏过大，身体始终向左倾斜，冰刀落下时要全刃着冰。每一次蹬冰后跳起要有腾空。

❼
右腿冰刀落冰支撑，左腿冰刀离开冰面，后引收腿。

41

起跑技术

起跑是滑跑的开始，高效的起跑能够使运动员在出发时就占据有利位置，为后面的滑行打下基础。起跑技术由起跑姿势、起动、疾跑和衔接4个部分构成。

❶ 听口令起跑后，前腿迅速外展，转髋抬起，并积极下压。

❷ 后腿发力蹬冰。

❸ 两臂用力快速摆动，进入疾跑加速。

TIPS 提示

起跑要根据口令做到两个"静止"，起跑后的疾跑、加速、进入弯道以及弯道滑跑动作要连贯、协调。

知识窗

滑冰比赛起跑前有两个"静止"

出发前,听到发令员喊"各就位",运动员应到跑线后安静站好,冰刀不能触碰起跑线,这是第一个"静止"。第二个"静止"是指听到预备口令后下蹲准备出发,此时到起跑之间,运动员有任何动作,都将被判为犯规。

④ 身体重心不断前移,并逐渐降低重心。

⑤ 加快动作,准备进入弯道。

比一比

和同学沿起跑线站成一排,听从教师口令,起跑加速到标志线,然后进行单脚支撑惯性滑行。看谁起跑快、单脚支撑滑得快、滑得稳。

起跑线到单脚支撑滑行标志线距离为10米,单脚支撑滑行距离为30~40米。

冲刺技术

终点冲刺是滑跑的最后阶段，也是决定名次的关键阶段，冲刺技术将直接影响比赛最终成绩。在高水平滑冰比赛中，相差0.001秒就足以造成名次区别。

在接近终点时，将身体重心放在有利于克制对手的一侧腿上，异侧腿迅速前伸，保持身体平衡，冲过终点。

TIPS 提示

后腿膝关节加大前弓幅度，前腿小腿和冰刀尽力前送触及终点线。

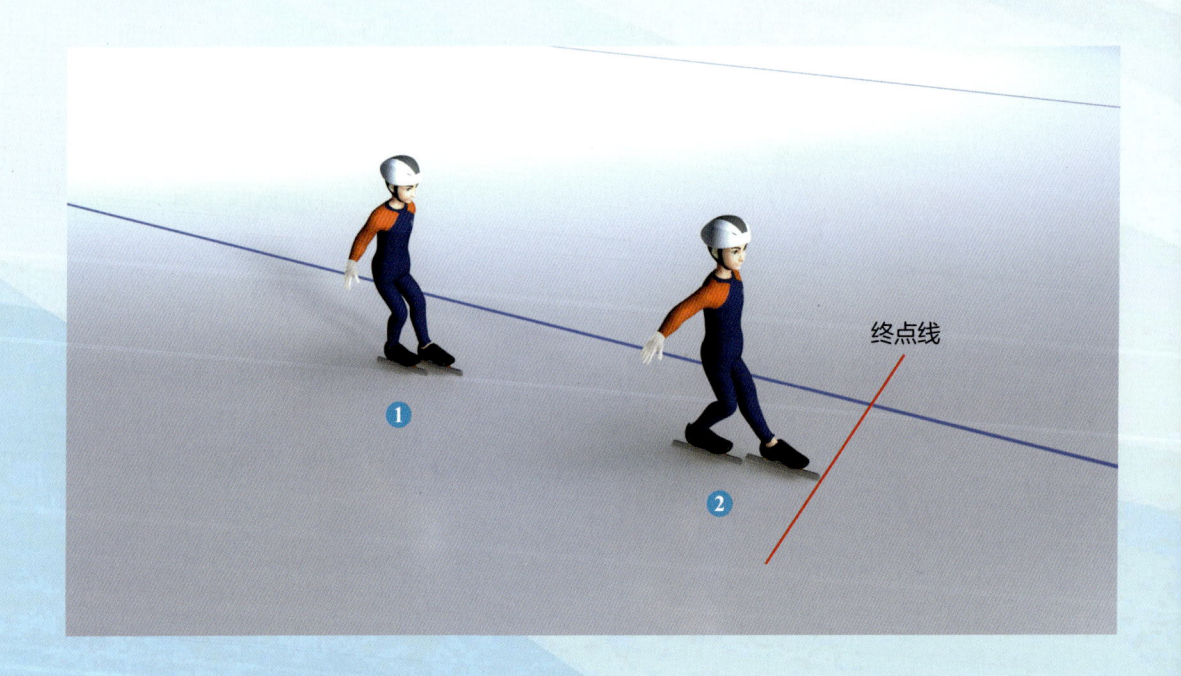

终点线

玩一玩

猫捉老鼠

选出两位练习者，分别当"猫"和"老鼠"。其他练习者按身高排成两列横队，面对面站好，手臂对手臂成拱形。"猫"和"老鼠"分别站在队首和队尾，同时出发。"老鼠"沿逆时针方向滑行或滑跑进入拱形洞内。"猫"追逐，拍到"老鼠"即为胜利。

接力技术

短道速滑接力比赛每队由4名队员组成，队员应在接力点前完成接力。完整的接力技术包括接力前技术、接力中技术和接力后技术。通常上场队员每人每次滑1~2圈进行替换，替换采用推接方式在直道上进行。

TIPS 练习提示

1. 接替者要根据被接替者滑行的速度和所处位置启动滑行。

2. 被接替者在接力前要时刻关注接替者滑行速度的变化、滑行路线以及场上情况。

① 接力前
接替者进入跑道后，被接替者要追逐滑行。

② 接力中
被接替者以双手对准并接触接替者的臀部，发力推送。

③ 接力后
接替者被推送后，向前起速滑行。

比一比

将练习者分成人数相等的两队，每队纵路排列，各选出一名队长。活动开始后，后面的练习者手扶前面练习者腰部，在队长的指挥下，统一步伐滑行或滑跑到规定距离。以最后一名练习者率先到达终点的一队为胜。练习时要注意安全。如果前面的人摔倒，要及时避让。

参加滑冰技能等级测试

学完本书中的滑冰基本技术，你想知道自己的滑冰技能达到了什么等级吗？

2021年，中国滑冰协会组织专家研制了《滑冰技能等级标准（试行）》。该标准从体能、技能及运动成绩等方面评定参与者的滑冰综合能力和竞技水平，适用于全国各年龄阶段、各水平层次的人群，具体分为启蒙级、1级至13级共14个级别。其中，启蒙级、1级至6级对应夯实基础阶段，7级至8级对应初步竞技阶段，9级至13级对应高水平竞技阶段。

掌握本书包含的技术技能，你可以尝试挑战3级至6级的相关要求。参加测试可按照中国滑冰协会等级测试通知报名，具体测试项目及其权重见下表。

测试项目与权重

体能测试项目与权重表

年龄	测试项目	权重/%
3～6岁	坐位体前屈	10
	10米折返跑	10
6～8岁	闭眼单脚站立	10
	一分钟跳绳	10
8～10岁	平板支撑	10
	50米跑	10
10～12岁	平板支撑	10
	50米×8往返跑	10
12岁以上	平板支撑	10
	800米跑（女）/1000米跑（男）	10

技能测试项目与权重表

测试等级	测试项目	权重/%
启蒙级	滑行一圈	80
	原地蹲起	20
1级	原地踏冰	20
	单圈滑行	40
	踏冰转体	20
2级	直道双脚支撑惯性滑行	20
	单圈路线滑行	40
	直道移动重心滑行	20
3级	直道双脚曲线滑行接内八字停止	20
	两圈路线滑行	40
	直道单脚支撑惯性滑行	20
4级	弯道双脚支撑惯性滑行	20
	三圈路线滑行	40
	直道单脚曲线滑行	10
5级	弯道单脚支撑惯性滑行	10
	四圈路线滑行	40
	环形弯道路线滑行	20
	连续弯道压步滑行	10
6级	起跑	10
	500米路线滑行	40
	环形弯道路线滑行	20
7级	可达级赛事及成绩标准	80
8级	可达级赛事及成绩标准	80
9级	可达级赛事及成绩标准	100
10级	可达级赛事及成绩标准	100
11级	可达级赛事及成绩标准	100
12级	可达级赛事及成绩标准	100
13级	可达级赛事及成绩标准	100

体能测试项目举例

体能水平直接影响滑冰技能的提高和滑冰比赛的成绩。以下是《滑冰技能等级标准（试行）》中的两项体能测试方法。你的体能水平如何呢？快来测一测吧。

平板支撑

测试场地与器材： 平整、安全的地面；软垫、秒表。

标准动作： 运动员在地面上成俯卧姿势静止，重心保持在身体正中，大臂与身体成直角，肩、髋、膝、踝在一条直线上，用脚尖和前臂支撑身体，保持躯干挺直，双眼直视身前的地面。

测试方法： 运动员站在测试场地内做好准备，在考评员发令后，按照标准动作进行平板支撑测试，根据支撑时长计算成绩。成绩记录以秒为单位，小数点后1位数按"非0进1"的原则进位，如22.3秒记录为23秒。每名运动员有2次测试机会，每次测试成绩均应记录在成绩表中，以最好成绩为最终成绩。

评定要求：

1. 测试开始后，运动员的身体前后、上下移动，则该次测试成绩无效；
2. 测试开始后，运动员的重心左右移动，则该次测试成绩无效；
3. 测试期间，运动员的躯干腰部、臀部或膝关节未挺直，则该次测试成绩无效。

评分标准： 详见《滑冰技能等级标准（试行）》平板支撑评分标准。

50米×8往返跑

测试场地与器材： 在标准田径场或直线距离100米以上的平整场地上，画长50米、宽1.22米的直线跑道，跑道一端画有起终线，另一端画有折返线；在起终线和折返线上的跑道正中，各设立一个标志杆（或标志块），杆高1.2米以上；秒表、口哨。

标准动作： 运动员以站立式起跑的方式站在起终线后做好准备，测试开始后，双腿交替全力跑向折返线。在到达折返线时，按逆时针方向绕过标志杆后跑回起终线，再按逆时针方向绕过标志杆后跑向折返线为完成一圈，共跑4圈。

测试方法： 运动员站在起终线后做好准备，在考评员发令后，按照标准动作进行50米×8往返跑测试。按照要求完成往返跑后，当运动员的躯干（不包括头、颈和四肢）任何部位到达起终线的垂直面瞬间，考评员停表，根据完成往返跑的时间计算成绩。成绩记录以秒为单位，保留小数点后1位。小数点后第二位数按"非0进1"的原则进位。每名运动员有2次测试机会，每次测试成绩均应记录在成绩表中，以最好成绩为最终成绩。

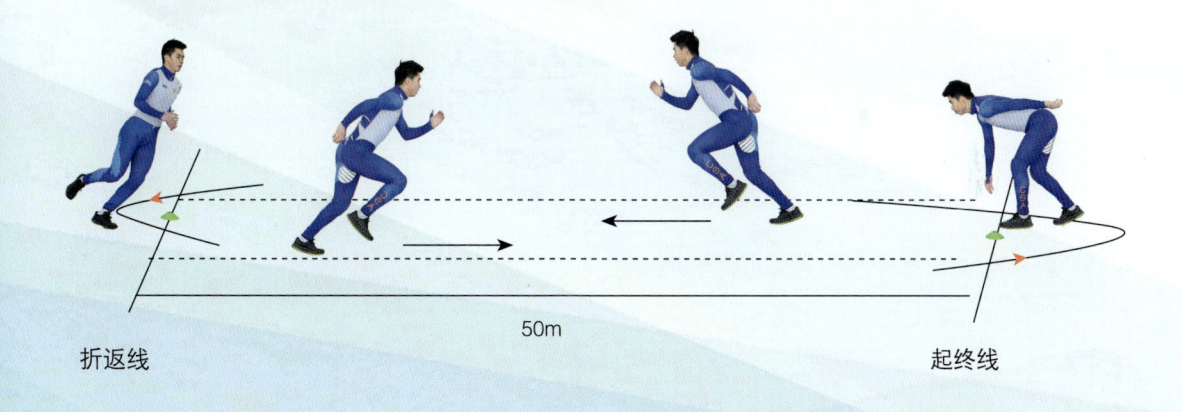

折返线　　　　　　　　　　50m　　　　　　　　　　起终线

评定要求：

1. 运动员在考评员发令期间踩、跨起终线，抢跑，或折返时触碰标志杆，则该次测试成绩无效；
2. 测试中未完成8次往返，则该次测试成绩无效。

评分标准： 详见《滑冰技能等级标准（试行）》50米×8往返跑评分标准。

技能测试项目举例

以下是《滑冰技能等级标准（试行）》中的两个技能测试项目。你是否能够通过这两个项目的测试呢？快来挑战一下吧。

5级项目：四圈路线滑行

测试场地：冰面平整、安全。跑道为椭圆形，场地周长111.12米，直道长28.85米，弯道半径8米，两侧弯道各由7个标志块围起。从场地一侧直道中点横向画出一条7米长的起终线。把入弯道的第一个标志块与出弯道的第七个标志块都标记为1号标志块，在所有1号标志块横向外侧0.8米处和2.5米处分别放置2号标志块和3号标志块。1号标志块与2号、3号标志块颜色不同。

测试方法：运动员静立起跑线后准备，听到考评员发令后，双脚交替蹬冰进行四圈路线滑行。

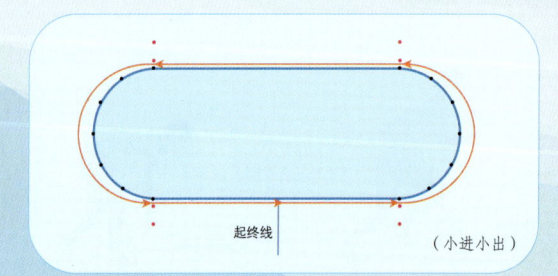

第一圈：进出弯道均从1号标志块与2号标志块之间通过。（小进小出）

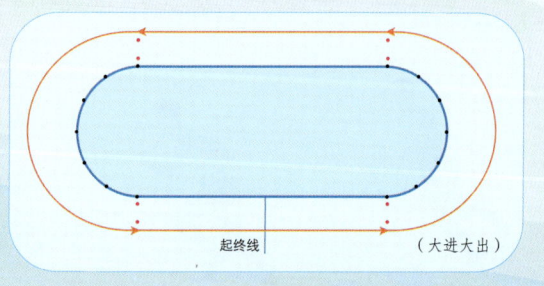

第二圈：进出弯道均从3号标志块外侧通过。（大进大出）

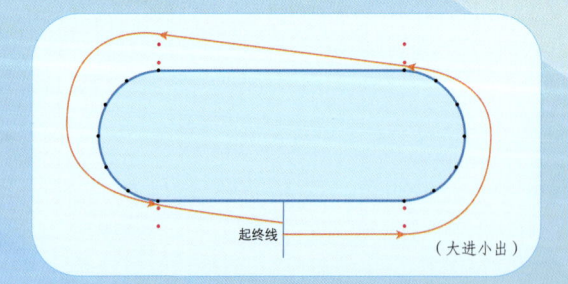

第三圈：进弯道从3号标志块外侧通过，出弯道从1号标志块与2号标志块中间通过。（大进小出）

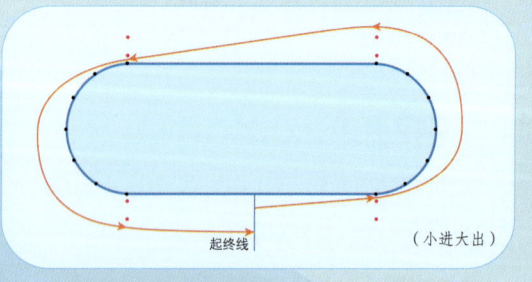

第四圈：进弯道从1号标志块与2号标志块之间通过，出弯道从3号标志块外侧通过。（小进大出）

评分标准：详见《滑冰技能等级标准（试行）》5级测试要求。

6级项目：连续弯道压步滑行

测试场地：在冰面上将10个标志块均匀摆放，围起一个直径为6米的测试圈。

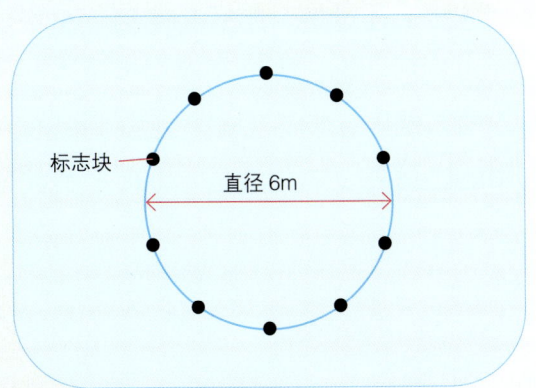

测试方法：站在测试圈中心做好准备，听到考评员发令后，到测试圈外沿进行连续弯道压步滑行测试。双脚交叉1次为1幅步，根据滑行两圈的幅步总数计算成绩。

要求：运动员出现下列情况，则测试成绩无效：触碰任意标志块；弯道压步滑行时摔倒；两圈滑行少于3幅步；除左手扶冰外，身体其他部位触碰冰面；每单步双脚同时滞留冰面的时间超过2秒。

评分标准：详见《滑冰技能等级标准（试行）》6级测试要求。

了解滑冰比赛

短道速滑和速度滑冰比赛在场地、服装和器材、赛事、规则和战术等方面有众多不同。运动员经过刻苦训练，熟练掌握滑冰技术、战术并了解相应比赛规则后，可以按照个人所长及中国滑冰协会和国际滑联发布的竞赛规程和参赛方法参加比赛。高水平的比赛需要运动员首先取得参赛资格。

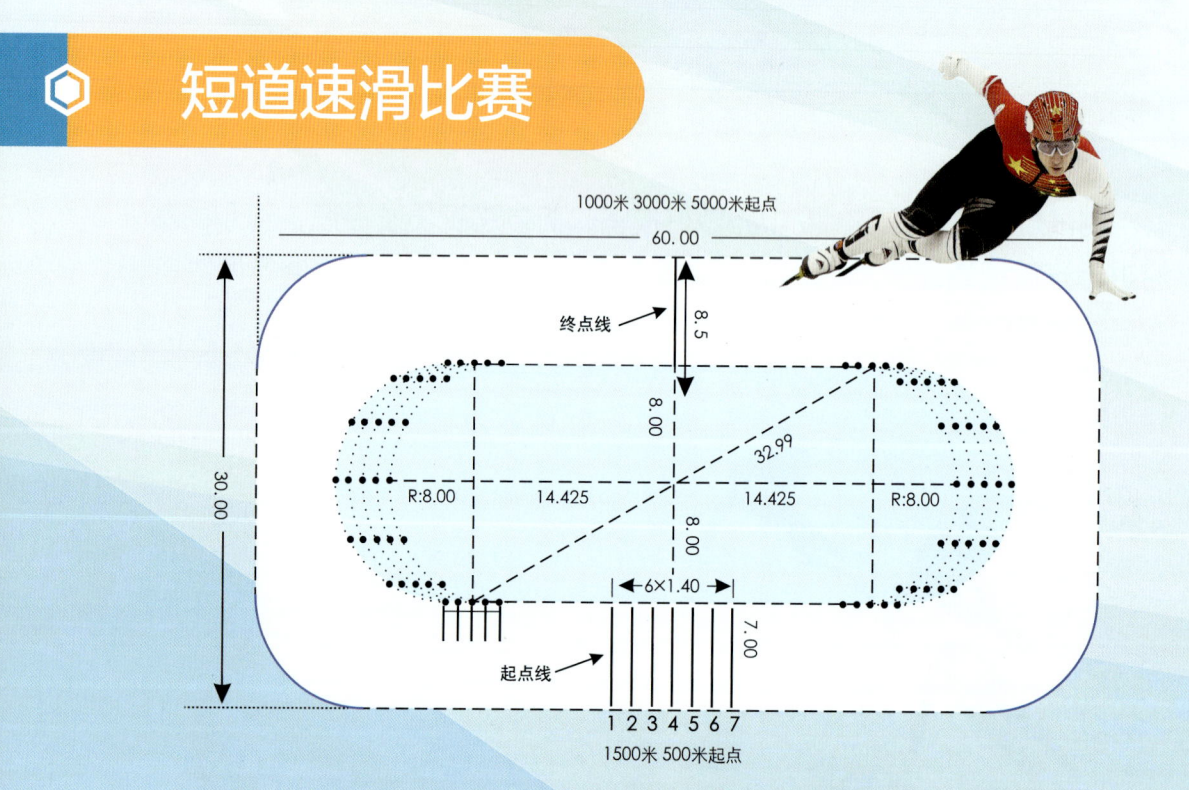

短道速滑比赛

场地： 冰面最小为30米×60米，跑道周长为111.12米，直道宽度不小于7米，两端弧形弯道各以7个标志块围成。为保持冰面质量，除标准跑道外，还设有另外4条或6条对应的跑道，所有跑道使用同一条终点线。场地中无分道线。起点线和终点线与直道成直角并为彩色线。起点线上标示起跑点，表示运动员起跑时身体中心所处位置。

服装： 个人比赛时，穿着连体滑冰服，佩戴形状规则的头盔、防切割护颈、防切割手套、防切割防扎护腿板。运动员因人而异佩戴护目镜。接力比赛时，同一参赛队的队员须穿着统一的防切割连体服。

冰鞋： 冰刀与鞋体两点固定，鞋帮较高。

主要比赛项目

男子项目	女子项目	男女混合项目
500米	500米	
1000米	1000米	
1500米	1500米	2000米接力
3000米（全能比赛）	3000米（全能比赛）	
5000米接力	3000米接力	

主要赛事

范畴	赛事名称	简介
国际	奥林匹克冬季运动会	每4年举办一届
	世界锦标赛	每年举行一次，赛期3天
	世界杯比赛	每年举行一次，每个赛季4~6站，每站赛期3天
	世界青年锦标赛	每年举行一次，赛期3天
国内	全国冬季运动会	每4年举办一次，赛期3~5天，是冬季运动项目的全国综合性运动会
	全国冠军赛	每年举行一次，赛期3天，是全国最高层次的单项比赛
	全国锦标赛	每年举行一次，赛期3天，该赛事的成绩将作为运动员参加全国冠军赛的报名依据
	全国联赛	每年举行一次，每个赛季4~6站，每站赛期4天
	全国青少年锦标赛	每年举行一次，赛期3天

比赛规则

个人滑跑基本规则

1. 滑行均按逆时针方向进行，即跑道的内侧在运动员的左边。
2. 任何时候都允许超越。运动员彼此相邻时，如被超越的运动员没有不正当动作，则任何阻碍和碰撞均由超越者负责。
3. 运动员被领先1圈时可以继续比赛，但应在跑道外侧滑跑，不得妨碍其他运动员，干扰违规将被处罚黄牌或红牌。
4. 运动员被领先两圈时，应退出该组比赛，除非当时有1名或多名运动员正处在竞争位置。运动员按此规定退出比赛将被视为未完成比赛。如果裁判长判断运动员是由于自身不可控制的原因而未能滑完比赛，可宣布运动员完成比赛，但不给予计时成绩。
5. 当运动员或接力队员以冰刀的刀尖触及终点线时，即为完成比赛。

个人滑跑违规

1. 缩短距离：以1只或2只冰刀滑跑到标志块所标示的弯道左侧。
2. 碰撞：故意用身体妨碍、推拉、撞击、阻挡其他运动员；在跑道上不合理地横向滑行；用任何方式干扰其他比赛运动员，导致身体接触。
3. 援助：每一名运动员应独立竞争，接受任何来自其他人员的援助被视为不当行为，将会受到处罚。本条不适用于接力比赛。
4. 做出危险动作：故意在比赛中踢、碰其他运动员的冰刀，在冲刺时将冰刀竖起或将整个身体摔过终点线等行为，均被视为危险动作。

接力跑基本规则

1. 接力队由4名或5名运动员组成，均被认为是参赛者。比赛中出现重新起跑或重滑时，替补队员可以替换上场。
2. 个人项目滑跑规则也适用于接力比赛。
3. 接力采用接触的方式。除接力中，其他时刻参赛选手之间不得有身体接触。
4. 还剩3圈时，发令员鸣枪示意滑在最前面的队伍还剩的最后圈数。
5. 最后两圈由同一人完成滑行。如该运动员摔倒，同队任何队员可以接替完成。

6. 参赛队必须统一着装。在比赛服两小腿外侧标志队名或队名缩写（在国际比赛中为国家名称或其缩写），字高不得小于5厘米。比赛服和热身服上可以有运动员的名字。

男女混合2000米接力比赛基本规则

1. 个人滑跑规则和接力比赛规则同样适用于男女混合2000米接力比赛。

2. 整个接力比赛共滑行18圈，分为4×2.5圈和4×2圈，运动员顺序是女子1→女子2→男子1→男子2→女子1→女子2→男子1→男子2。

3. 比赛中如发生摔倒，只能是由同性别的运动员接替完成。但如果在性别交换前的最后一个弯道出现摔倒，不同性别的运动员可以接替并完成滑行。

比赛战术

1. 500米、1000米比赛起跑占位很重要。由于比赛距离短、场地小、多人在一条跑道上滑行，通常在实力相当的情况下，起跑抢到最前面，取胜的可能性就较大。所以起跑时要集中精力，做好预备姿势，保持从容稳定。这对于消除紧张、防止起跑犯规、快速反应和爆发起动非常重要。

2. 中、长距离比赛中，运动员在途中滑跑时，超越与反超越的频次不断提高，比较容易出现犯规现象。超越战术是短道速滑比赛制胜的关键，实施区域主要有直道末端、弯道弧顶、出弯道内侧、直道外侧等。接力比赛时选手在接力区进行交接，交接也是进行超越的好机会。

3. 终点冲刺要双摆臂，加快蹬冰频率和幅度，全力以箭步送刀的姿势冲过终点线。

比赛规则

个人项目基本规则

参赛选手按逆时针方向滑跑，两人一组，分内、外道同时进行，每滑行一圈在换道区换道，先到达终点的选手获胜。当选手在换道区平行时，外道选手有优先滑跑权。

起跑时第二次抢跑，滑出自己跑道，在换道区没有换道或在换道区干扰对手，都将被取消比赛资格。

选手在换道区换道

集体出发项目基本规则

集体出发是集体同时出发的个人项目。根据报名人数可以是一轮比赛，也可以是两轮比赛，即直接作为决赛，或分为半决赛和决赛。

选手按照出发顺序表，以每排六人的形式在内道和外道站位，每排间隔至少一米。出发后第一圈只能跟随一号选手滑行，等再次鸣枪才允许加速超越对手。

比赛时，运动员必须佩戴计时芯片。比赛全程设有四个冲刺点，运动员在每个冲刺点上获得的积分将累加，以总积分的多少决定最后名次。途中前三名和最后冲刺前三名的选手将分别获得不同积分。

选手如果被领先一整圈，必须马上停止比赛。比赛过程中，特别是在冲刺点有挤、拉、推、切等犯规行为的选手将被取消比赛资格。

团体追逐项目基本规则

团体追逐比赛，每队可报四人，三人参赛，一人替补，最终以第三名运动员抵达终点的成绩为有效成绩。如果不足三名运动员参加比赛，该队被视为未完成比赛，并取消其比赛成绩。

比赛时两个参赛队从相对应的两个直道中间，同时起跑。比赛中，若有一名运动员违反了滑跑规则，所在参赛队将被取消资格。

比赛战术

速度滑冰是一项体能、技术和战术完美结合的竞速类体育项目，获胜需要绝对的实力、坚定的意志和不畏艰辛的精神，也需要合理运用战术。

1. 起跑时要集中精力，做好预备姿势并保持从容稳定。这对于消除紧张、防止起跑犯规、快速反应和爆发起动非常重要。

2. 短距离途中滑跑要保持低姿势、大幅度和强而有力的蹬冰动作。

3. 长距离滑跑基本以平均速度滑跑，随着比赛距离的加长，后半程的速度应高于前半程。

4. 利用弯道增速的有利因素，在弯道上主动加速滑跑。

5. 终点冲刺要双摆臂，加快蹬冰频率和幅度，全力以箭步送刀的姿势冲过终点线。

2022年北京冬奥会滑冰比赛介绍

第二十四届冬季奥林匹克运动会即2022年北京冬奥会于2022年2月4日至20日举行。在本届冬奥会中，短道速滑和速度滑冰比赛共设23个项目，产生23枚金牌，中国获得2枚金牌、1枚银牌、1枚铜牌的好成绩。

比赛项目

短道速滑

组别	个人项目		团体项目
男	500米、1000米、1500米	5000米接力	男女混合2000米接力
女	500米、1000米、1500米	3000米接力	

速度滑冰

组别	个人项目	团体项目
男	500米、1000米、1500米、5000米、10000米	团体追逐 集体出发
女	500米、1000米、1500米、3000米、5000米	团体追逐 集体出发

其中，短道速滑混合团体接力为本届奥运会新增7个小项之一，也是我国运动员的优势项目。

比赛场馆

短道速滑比赛场馆

北京冬奥会短道速滑比赛在首都体育馆举办。首都体育馆已有50多年的历史，多次承办过世界高水平冰上运动项目比赛。在2022年冬奥会的场馆改造中，首都体育馆始终坚持"传承保护、立足赛后、确保赛时、绿色科技"的理念，着力提升内部环境体验效果。冬奥会后，首都体育馆还将充分发挥和开发冬奥场馆多维度的社会价值，为全民健身和推广普及冰上运动作出贡献。

速度滑冰比赛场馆

北京冬奥会速度滑冰比赛在国家速滑馆举办。国家速滑馆，又名"冰丝带"，室内冰面使用面积有1.2万平方米，为亚洲最大，可容纳12 000人。在外观设计上，国家速滑馆飘逸流畅，盘旋的外墙曲线就像滑冰运动员在冰上风驰电掣时划起的丝丝划痕。这些飘逸的丝带共有22条，代表着本届冬奥会举办的年份，并能起到遮阳和节能的效果。

61

欣赏滑冰比赛

滑冰比赛是运动员的体能、技术、战术和意志品质的集中展现，往往竞争激烈，精彩纷呈。欣赏滑冰比赛应提前了解比赛看点，并在观赛时遵守相关礼仪，以保持赛场秩序，帮助比赛选手稳定发挥，并准确捕捉赛场重点。

比赛看点

滑冰比赛中，运动员身着五颜六色的服装飞驰在冰面上，滑行位置不断变化，超越与反超越频繁。在运动员水平相当的情况下，比赛胜负往往难以预测，极富刺激性和惊险性。

短距离比赛

500米、1000米等短距离项目中，运动员滑跑姿势低，动作幅度大，节奏快，视觉冲击力强。竞争尤为激烈，特别是500米比赛项目，胜负往往就在一瞬间。在高水平的比赛中，0.001秒就足以决定比赛的冠亚军。以中国、韩国、日本为代表的亚洲运动员节奏快，力量好，身体重心低，在短距离项目上具有一定的优势，尤其是起跑、前100米以及前半程优势较大。以荷兰、美国、加拿大为代表的欧美运动员身材高大，蹬冰幅度大，后程能力强，经常会在后半程变被动为主动。因此，比赛中常常会出现逆转局面。

长距离比赛

3000米、5000米、10000米这样的长距离项目，不仅检验运动员的体能和技术，更考验战术和意志品质。运动员往往在前半程通过合理的技术和体能分配来保持平均速度，在后半程则根据体能采用不同的战术，逐渐提高滑行速度，充分发挥实力。

观赛礼仪

观众是比赛的重要组成部分。热情而文明的观赛行为能增加比赛的精彩程度，有助于运动员创造佳绩。在观看滑冰比赛时，应遵守以下观赛礼仪。

1. 按时入场、有序退场，在指定的观众席就坐。入场时，不要携带违禁物品。部分场地、场馆对穿鞋有特殊要求，要提前了解，做好准备。如有安全检查规定，应积极配合。如需提前退场，在不打扰他人的情况下尽快离开。

2. 进入观赛场地后，要将手机关闭或设为静音状态。运动员在场地滑行时，不要打开闪光灯拍照。

3. 爱护场馆环境，不乱扔杂物。退场时主动将杂物带出场外，妥善处理。

4. 根据比赛项目和场上形势，适时鼓掌喝彩，适度保持安静，严禁在比赛场地内大声喧哗、打闹或争斗。运动员做准备活动，宣告员宣布比赛开始、介绍裁判和运动员站位、公告成绩、介绍优秀运动员、规则常识时，以及发令员发出口令时，应保持安静，保证比赛顺利进行。比赛竞争激烈时，场上会进行超越与反超越，名次会瞬间发生变化，应配合宣告员动静结合。在运动员完成比赛后或做出精彩表现时呐喊、鼓掌。

5. 理智对待输赢。对参赛运动员和裁判给予应有的尊重和礼遇，不因支持方的输赢而做出过激行为。

6. 当赛场宣布举行升国旗、奏国歌仪式时，无论是否本国国旗、国歌，都应肃立，并行注目礼。

我国滑冰运动大事记

1956年 我国加入国际滑冰联盟。

1959年 在吉林、哈尔滨举办第一届全国冬季运动会。

1963年 罗致焕取得速度滑冰世界锦标赛男子1500米冠军。

1968年 首都体育馆建成我国第一个标准面积的人工冰场。

1980年 我国首次派运动员参加在美国普莱西德湖举办的第十三届冬奥会。中国滑冰协会成立。

1988年 在加拿大卡尔加里第十五届冬奥会上,李琰在表演赛上打破了短道速滑1000米、1500米两项世界纪录,并勇夺1000米金牌。

1990年 王秀丽取得速度滑冰世界锦标赛女子1500米冠军。

1992年 在法国阿尔贝维尔第十六届冬奥会上,李琰再次登上领奖台,在短道速滑女子500米比赛中摘得银牌。这是我国在短道速滑项目上获得的第一枚奥运奖牌。叶乔波夺得女子500米、1000米2枚银牌,实现了我国速度滑冰项目在冬奥会奖牌上"零的突破"。

2002年

在美国盐湖城第十九届冬奥会上，杨扬获得短道速滑女子500米、1000米两项冠军，实现了我国冬季运动项目在冬奥会金牌上"零的突破"。

2006年

在意大利都灵第二十届冬奥会上，王濛夺得短道速滑女子500米金牌。

2010年

在加拿大温哥华第二十一届冬奥会上，我国女子短道速滑队包揽女子全部项目的4枚金牌。其中王濛在500米、1000米两个单项夺得金牌，周洋夺得1500米金牌。王濛、周洋、孙琳琳、张会组成的中国女子短道速滑队还勇夺短道速滑3000米接力金牌，这也是我国在此项目上获得的第一枚金牌。

2014年

在俄罗斯索契第二十二届冬奥会上，我国运动员李坚柔、周洋分别蝉联短道速滑女子500米和1500米冠军。张虹获得女子1000米金牌，实现我国速度滑冰项目在冬奥会金牌上"零的突破"。

2018年

在韩国平昌第二十三届冬奥会短道速滑男子500米比赛中，武大靖以39秒584的成绩创世界纪录并夺冠，成为我国短道速滑在冬奥会上的首位男子冠军。高亭宇获得男子500米铜牌，实现了我国男子速度滑冰项目在冬奥会奖牌上"零的突破"。

2021年

中国滑冰协会发布《滑冰技能等级标准（试行）》。

2022年

第二十四届冬奥会在北京举行。我国运动员高亭宇打破纪录并夺得速度滑冰男子500米金牌，任子威勇夺短道速滑男子1000米金牌，曲春雨、范可新、张雨婷、武大靖和任子威夺得短道速滑混合团体接力金牌。

滑冰 学习成长记录

把你参加滑冰运动学习的过程、收获和感悟记录下来！

姓名：_____ 出生日期：_____

我的启蒙教练：_____

我第一次滑冰的日期：_____，

第一次滑冰的冰场名称：_____

第一次滑冰照片记录：

学习滑冰，你有哪些收获？

运动能力

健康行为

体育品德

请你的教练、同伴和知名教练员、运动员给你签名，为你加油和祝福吧！

签名墙

教练寄语

同伴对我说

我的成绩

我的难忘瞬间（精彩照片墙）

我的滑冰技能等级评定记录：

启蒙级 _____年_____月_____日
在_____冰场测试通过。

1级 _____年_____月_____日
在_____冰场测试通过。

2级 _____年_____月_____日
在_____冰场测试通过。

3级 _____年_____月_____日
在_____冰场测试通过。

4级 _____年_____月_____日
在_____冰场测试通过。

5级 _____年_____月_____日
在_____冰场测试通过。

6级 _____年_____月_____日
在_____冰场测试通过。

7级 _____年_____月_____日
在_____冰场测试通过。

8级 _____年_____月_____日
在_____冰场测试通过。

9级 _____年_____月_____日认定通过。

10级 _____年_____月_____日认定通过。

11级 _____年_____月_____日认定通过。

12级 _____年_____月_____日认定通过。

13级 _____年_____月_____日认定通过。